AF362690

LE MANUTENTIONNAIRE

DES VIVRES,

PAR M. QUIGNON,

Employé dans cette partie.

A ABBEVILLE,

DE L'IMPRIMERIE DE BOULANGER-VION,

IMPRIMEUR DES AUTORITÉS CONSTITUÉES.

1810.

FILS de boulanger, je me suis toujours essentiellement occupé de l'art de la boulangerie. Je ne voulus point être, comme tant d'autres, l'esclave d'une aveugle routine ; mais par les expériences que j'ai faites, j'ai quelquefois remplacé la nature par l'art, au point que j'innovai à Abbeville la fabrication du pain de Paris, malgré le préjugé des boulangers qui prétendoient que les eaux et les bleds de ce pays n'étoient pas propres à cette fabrication. Lorsque la disette se fit sentir à Abbeville, je sus, comme pourroient l'attester les personnes alors en place, sauver mes concitoyens des horreurs de la famine, en fabriquant le pain par des moyens expéditifs. L'estime dont je jouissais dans mon etat, fit que j'occupai différents emplois qui y étoient relatifs.

Je fus en 1790, sous un garde-magasin des vivres, manutentionnaire de l'armée, et j'obtins tant de succès dans la manutention du pain de munition, que M. Jacques Cot, alors inspecteur de la 15.ᵉ division, portoit au ministre de la guerre plusieurs de mes pains pour échantillons.

Je reçus après un traité direct de l'agence générale des vivres qui fut résilié par la construction des fours militaires, puis je fus pourvu d'une commission d'aide-garde-magasin des vivres dans la place d'Abbeville. Je fus ensuite entrepreneur-général des étapes du département de la Somme. En l'an dix, on m'appella au camp de Boulogne pour y confectionner aux troupes du pain de soupe à la fabrication de Paris ; enfin, à la levée du camp, on m'envoya une commission d'aide - garde - magasin des vivres, avec ordre de me rendre à Strasbourg. Comptable à l'armée d'Allemagne des convois de biscuits et d'eau-de-vie, je suivis le quartier général du maréchal Massena, jusqu'aux faux-bourgs de Vienne. Retenu au lit par suite d'une blessure, je me décidai alors à mettre par écrit, quelles sont les connaissances nécessaires à un manuten-tionnaire des vivres. Si mon style n'est pas pur, qu'on me le pardonne en faveur de mes bonnes intentions. Ce n'est point un traité en règle que je fais, ce sont mes idées que j'expose purement et simplement.

LE MANUTENTIONNAIRE

DES VIVRES.

CHAPITRE PREMIER.

Parfaite connaissance des Bleds et autres Grains que doit avoir un Garde-Magasin des Vivres, pour obtenir une bonne Manutention.

Pour être bon garde-magasin des vivres, il ne suffit pas d'être bon comptable; il est absolument nécessaire de connaître toutes les qualités des bleds et des autres grains infé-rieurs qui peuvent être momentanément

employés dans la manutention des vivres. Il
est reconnu qu'il se trouve des bleds-froments
qui, par leur nature, ne valent pas des bleds
trois-quarts de froment, ni du méteil, ni du
bled muison mêlé de deux tiers de seigle
et un tiers de froment, ni même enfin du
seigle pur ; ce qui peut paraître un paradoxe
aux yeux des personnes qui n'ont pas une
parfaite connaissance des grains. Tel est, par
exemple, un froment d'une qualité ordinaire,
embarrassé de quelques mauvais grains, qui
ne vaut pas un bon bled trois - quarts de
froment bien venu, bien net, et en terme de
boulangerie, très-roide, c'est-à-dire qui repousse la main, lorsqu'on l'enfonce dans le
sac, parce que ce dernier étant d'une meilleure
mouture, le son qui en est extrait ne présente que de la paille, ou pour mieux dire
des soufflures, ne contenant plus aucun suc
végétal ; ensuite il rend plus au pétrin, parce
que prenant plus d'eau, il rend plus de pain
que le froment : j'ose même assurer qu'il a
un meilleur goût, car la farine qui en pro-
vient pouvant se conserver plus long temps,
acquiert un dégré de bonté singulièrement
avantageux à la manutention.

Le froment qui ne vaut pas le méteil, est
un froment gris par sa nature, mal venu et

mal récolté; ce froment dur à la main, parce qu'il n'est pas sec, ne rend pas à la monture. De plus, il se trouve souvent mêlé d'herbes; aussi est-il d'une manutention difficile et ne vaut pas, proportion gardée, le méteil de première qualité.

Une qualité de froment crû et venu dans une terre fortement amendée, ne vaut pas les deux tiers de seigle contre un tiers de bled. En effet, le grain étant léger et mousseux ne rend à la monture que très-peu de fleur, encore est-ce une farine grasse qui ne comporte pas beaucoup d'eau; elle n'opère donc qu'une mauvaise manutention. Ajoutez à cela qu'il se trouve ordinairement dans ce bled des grains de petite brunette, qui rendent le pain bleu. Ce que j'avance est si vrai, que plusieurs boulangers à ma connaissance, préfèrent, pour faire du pain blanc, le bled muison qui a plus de corps, au froment beau en apparence et crû dans du fumier : que d'autres, après avoir acheté des bleds dans lesquels il y a de la brunette, ont cru par le mélange corriger ce défaut, mais ils ont été trompés dans leur attente, le pain conservant toujours la couleur bleue. Un double mélange même n'obtenoit pas un meilleur résultat, au point qu'ils ont été forcés de faire revendre tous ces mélanges.

Enfin , il est encore une autre qualité de froment qui ne vaut pas du seigle pur ; ce qui paroîtra sans doute bien difficile à croire : c'est le bled froment germé. Il est sûr que ce qui attenue la qualité du bled, c'est la défectuosité du germe : or, quand le germe est attaqué, et que l'été suivant il fait de grandes chaleurs , ce bled se corrompt aisément. Il ne peut être employé et même il gâte le bon, si on le mêlange. De plus, si ce froment germé est attaqué de bled noir , et que par les chaleurs il se soit formé des grains rouges qui lui donne de l'odeur, on n'en tire qu'un pain qui n'a que les deux croutes, la mie s'évaporant et se rendant en eau , lorsqu'on le défourne. Il faut donc convenir que le seigle pur est préférable à cette qualité de froment, quand même il n'y auroit pas de bled noir. Donc, le bled froment-trois-quarts, le méteil, le bled muison et le seigle , sont préférables aux qualités de froment dont j'ai parlé. Je ne dis rien de la première qualité , parce que la toute observation est interdite. Un parfait connoisseur trouvera encore plus de nuances dans les qualités ; mais ce que j'ai dit est suffisant pour un garde - magasin qui doit prendre ses précautions, si les inconvénients qui se rencontrent dans le froment, se rencontrent aussi dans le bled-trois-quarts, dans le méteil, dans le muison et dans le seigle. Il doit aussi, pour faire ses mélanges, s'assûrer des meilleures qualités de bled ; d'abord il y trouvera son compte en retirant plus de rations, et il aura la satisfaction de faire de bon pain à la troupe. Mais sur-tout, que l'apparence du gain dans les achats des deux qualités inférieures ne le flatte pas, car dans le fait, il n'est qu'imaginaire. De plus, la mauvaise qualité de pain qu'il obtiendroit, l'exposerait à la mauvaise humeur du militaire.

Comme par fois il ne se trouve pas toujours du seigle pour faire le mélange, conformément aux instructions, il est nécessaire d'y suppléer par de la pamelle ou de l'orge ; il est donc utile que le garde-magasin des vivres connai sse la qualité de la pamelle et de l'orge, ainsi que de leur propriété. La pamelle vaut mieux que l'orge pour faire le pain, parce que l'odeur n'en est pas si forte, comme le seigle vaut mieux que la pamelle, quoique le seigle engraisse la pâte et que la pamelle la roidisse. Ainsi, point de doute qu'au défaut de seigle il faille employer la pamelle, et au défaut de pamelle, de l'orge. Il est aussi des matières fort étrangères que l'on peut employer dans la manutention du pain, mais c'est un malheur quand il faut avoir recours à ces moyens; ce n'est que dans des temps malheureux qu'on les employe.

CHAPITRE II.

Dans quel mois de l'année le garde-magasin des vivres doit faire ses achats et le mélange.

LE grade de garde-magasin donne, à celui qui en est pourvu, le titre de conservateur des grains qui lui sont confiés par le gouvernement, à moins que des circonstances extraordinaires, celles de guerre par exemple, obligent le garde-magasin à faire ses achats aussitôt qu'ils lui sont ordonnés. Il doit attendre le mois de janvier, pour que le bled ait été couvert par les gelées, et même plus tard, si les gelées ne se sont pas effectuées, par la raison que l'écorce du bled se resserre et qu'il ne reste plus gonflé, et que dans le courant de janvier le bled a jetté son feu; ce qui évite des frais de magasin, le bled n'ayant pas besoin d'être travaillé avant le mois de mars, et pouvant rester en sac jusqu'à cette époque.

Quand on lui fait des versements, le garde-magasin jaloux de sa manutention, doit pour sa sûreté constater par lui-même la qualité des bleds ou farines, quoiqu'elle lui paroisse concorder avec le titre qu'elle doit avoir : il doit prendre plusieurs sacs au hazard, tant bled que farine, et les verser sens dessus-dessous, pour voir si la qualité du fond et du milieu répond à celle de dessus ; car un bon garde-magasin doit être un bon manutentionnaire, son brigadier et ses pétrisseurs ne doivent être que ses coopérateurs. Il doit mettre sa gloire à procurer de beau pain à la troupe comme étant la première subsitance du soldat, et ne pas se rendre coupable ou par négligence ou par trop de confiance dans ceux qu'il emploie. Il n'est point d'ami qui tienne, il faut que le devoir l'emporte sur la complaisance. On me prendra peut-être pour un rigoriste ; mais qu'on sache que c'est en me rendant esclave de mon devoir, comme garde-magasin, que j'ai mérité de la part des généraux, des autorités civiles et militaires, des certificats authentiques des bonnes fournitures que je faisais ; lesquels certificats sont déposés à la guerre dans le bureau de M. Léger.

Quant au mélange, il faut le faire à fur

et à mesure qu'on en a acheté assez pour former une couche, et avoir bien soin de régulariser le titre, vu la difficulté que l'on éprouve aujourd'hui à se procurer du seigle pur ; car le cultivateur ne dépouillant de seigle que ce qu'il lui faut pour avoir des liens, le garde-magasin ne peut plus acheter par exemple trois cents sacs de froment et cent de seigle, pour s'assurer du vrai titre de son mêlange : mais si on ne peut l'avoir bien juste, il vaut mieux le tenir au-dessus qu'au-dessous : en supposant que le bled coute dix sols de plus, on retire pour plus de dix sols de rations. Cependant pour parvenir à la plus exacte régularité, le garde-magasin doit d'abord choisir tous les grains, mettre les 1.ere 2.e 3.e et 4.e qualités à part, puis verser sur le plancher un sac de chaque qualité, et les bien retourner quand la couche est entièrement faite, pour qu'elle obtienne une régularité universelle.

CHAPITRE III.

Le temps propre à faire cribler le bled, à le mettre en couche ; l'épaisseur qu'on doit donner à la couche suivant le temps et les saisons.

Aussitot que le mélange est fait, le premier soin du garde-magasin doit être de faire cribler le bled pour le mettre en couche. De cette précaution dépend la salubrité du bled, car par là on le nettoie de toute la poussière et de tous les mauvais grains qui pourraient lui être nuisibles.

Il ne suffit pas que le garde-magasin donne ses ordres aux journaliers pour qu'une telle couche de bled soit criblée dans un temps qu'il leur fixe, il faut qu'il surveille lui-même le criblage, ou qu'il le fasse surveiller par son aide ; car très-souvent les journaliers s'amusent dans les magasins, et quand ils voient qu'ils ne peuvent finir leur tâche, ils mêlent le tout ensemble ; ce qui porte un grand préjudice, attendu que la poussière et les mauvais grains qui restent dans la partie du bled non criblé, se propage dans toute la couche.

Aussitôt que le bled est criblé, on doit faire la couche quarrée, si le local le permet, et on doit cribler la couche une fois par mois, depuis janvier jusqu'à la fin de mars : comme aussi la hauteur de la couche pendant ce temps, si la saison n'est pas pluvieuse, peut être de 21 pouces et même de deux pieds, lorsqu'il fait très-sec. Depuis le 1.er Avril jusqu'au 1.er juillet, il ne faut lui donner que 18 pouces de hauteur, et le criblage alors devient nécessaire tous les quinze jours ; il faut avoir soin de se régler sur le temps qu'il fait dans cette saison. Mais depuis le 1.er juillet jusqu'au 1.er octobre, le garde-magasin apportera la plus grande surveillance, parce que les grandes chaleurs qui se font sentir interdisent toute règle. Il faut le plus souvent possible être au magasin, afin de remédier aux inconvénients qui peuvent résulter des chaleurs, soustraire, autant que faire se peut, le grain à l'ardeur du soleil. Je ne dirai pas de fermer toutes les portes des greniers, ce seroit bien pis ; car la chaleur se concentreroit et feroit un tort très-considérable au bled en l'échauffant. Le meilleur moyen est de mouiller des sacs pendant la grande chaleur du jour, et de les attacher aux croisées des greniers : douze pouces et même moins, selon le dégré de chaleur sont alors la hauteur à donner à la couche. Le criblage doit avoir lieu tous les huit jours, afin de procurer de l'air au grain, autrement les chaleurs excessives et les pluies feront gâter le bled. Autant il est nécessaire d'abriter le bled dans la chaleur du jour, autant il est urgent d'ouvrir les croisées depuis cinq heures du soir, jusqu'au lendemain huit heures du matin. Depuis le 1.er octobre jusqu'au 1.er janvier, la température n'est point à craindre ; le criblage se fera toutes les trois semaines, tous les mois, selon que le garde-magasin le jugera convenable : la hauteur de la couche peut être de 18 à 21 pouces.

CHAPITRE IV.

Précautions à prendre pour préserver le bled des insectes ; dans quel mois, dans quel temps faire les moutures.

DEUX insectes sont bien à craindre, la calandre et les vers, la calandre surtout ;

car elle noircit le pain et lui fait contracter un mauvais goût. Pour les éviter, il faut d'abord, comme je l'ai dit dans le précédent chapitre, bien abriter le bled qu'on ne doit jamais mettre dans un grenier couvert d'ardoise, car l'ardoise s'échauffe beaucoup plus que la tuile, et renvoie la chaleur sur la couche. En supposant que ce soit le moment de faire moudre, et que les insectes existent, il faudroit saisir ce moment pour éviter la propagation. Mais si malheureusement c'était au mois de juillet, au mois d'août ou dans un temps peu favorable à la mouture, on doit cribler le bled deux ou trois fois par semaine pour empêcher la génération des insectes, prendre des sacs mouillés avec de l'eau chaude et les mettre sur la couche; on voit ces insectes monter au-dessus de la couche et s'attacher aux sacs. Il faut alors de quatre heures en quatre heures renouveller les sacs et écraser les calandres attachés à ceux qu'on a déjà mis.

Les vers ne nuisent pas autant, quant au mauvais goût du pain, mais ils font encore plus de tort au grain; car j'ai vu souvent que sur dix grains de bled, il y en avoit six mangés dont il ne restoit que l'écorce: devancer la mouture quand le garde-magasin

s'en apperçoit , et prendre les mêmes précautions que pour les calandres ; c'est tout
ce qu'il faut faire.

Si le garde-magasin n'est pas contrarié dans
ses achats par des ordres précis , qu'il ne fasse
pas commencer ses moutures avant le 15 septembre et dans un tems humide ; car dans un
tems mou et pluvieux, il ne peut jamais s'opérer
une bonne mouture. Il doit bien recommander
qu'on ne cesse pas de moudre son bled pour
en moudre à des particuliers. Que pour être
bien servi, il ne s'attache qu'à peu de meûniers
pour prévenir les abus que j'indiquerai plus
tard. J'ai dit que l'époque des moutures
étoit au 15 septembre. En effet , lorsque les
farines sont bonnes , et que le garde-magasin
en a fait scrupuleusement la visite , elles
peuvent se conserver , avec peu de travail,
jusqu'au mois d'avril , pourvu que les sacs
soient ouverts et qu'il y ait dans le milieu
une cheminée : il ne seroit pas inutile de
temps à autre de délier les sacs et de les
travailler , en les remuant tous les uns après
les autres ; les mettre pendant un mois , s'il
le faut, sur les liens , ensuite les travailler
encore , les mettre dans leur première position,
r'ouvrir les sacs et faire une cheminée : on
pourroit même en faire deux. Il faut éviter

de faire moudre son bled dans les temps moux et pluvieux, et dans les fortes chaleurs de l'été. Dans les temps moux et pluvieux, le bled qui se sent de la température, rend une farine dont le son n'est pas bien écuré; ce qui cause un grand préjudice. La farine elle-même est molle et d'un fond brun, tandis que quand le tems est bien disposé, le bled rend une farine dont le son est bien écuré; elle est roide et blanche comme la neige. De plus, sa bonne qualité fait qu'elle peut se conserver plus long-temps. Dans les chaleurs, le bled qui est très-sec, au lieu de s'allonger dans les meules, se casse, se brise; rend une farine toute en poussière qui par elle-même est grise et n'est pas de bon aloi, et par conséquent est mauvaise pour la manutention.

CHAPITRE V.

Activité que doit mettre le garde-magasin à visiter les farines, quand elles reviennent du moulin ; la connaissance qu'il doit avoir dans les farines, l'avantage de n'avoir que trois ou quatre meûniers.

LA chose la plus importante pour le garde-magasin, c'est d'être actif dans la visite de ses farines, lorsqu'elles reviennent du moulin : envain aurait-il la connaissance des grains, si elle n'était réunie à celle des farines ; celle-ci est même plus difficile que la première. Elle lui est donc d'une nécessité indispensable ; car les meûniers pourraient lui dénaturer son bled; il en est même qui le lui changeraient totalement : d'autres par intérêt pour en moudre davantage, ne feraient couper le bled qu'en deux, sans que la farine fut allongée et le son écuré, en se disant en eux-mêmes, c'est toujours assez bon pour faire du pain de munition. Il faut encore éviter de le donner à moudre à des meûniers qui ont rebattu leur moulin ; car alors la farine prend les petits éclats des meules, et fait un pain qui croque sous la dent. Pour prévenir ces abus, il faut toutes les fois que le meûnier rapporte des farines, voir si le son est percé, si la farine est bien allongée, si elle a une main douce qui cependant présente un peu de roideur. Il faut aussi ne pas se laisser tromper sur le poids, et pour cela il faut savoir qu'il est des meûniers qui pour obtenir plus de poids dans leurs farines font bouillir de l'eau et arrosent un jour d'avance le bled qu'ils ont à moudre. Si sur une certaine quantité ils mettent 100 litres d'eau, ils gagnent un sac du poids de deux cents. Examinez le fond de la farine, voyez si elle est d'un blanc jaune, extrayez de cette farine assez de son pour voir s'il s'en rencontre trois grains de jaune contre un vert. S'il en est ainsi, le titre du bled n'est pas altéré : il pourrait l'être néanmoins quant à la qualité ; ce que je ferai voir. Pour ce qui est du poids, il ne faut pas peser les farines qu'au bout de huit jours. Par cette précaution, en faisant vuider un sac dans un autre, si le meûnier a arrosé le bled, on s'en apperçoit sur le champ ; car la farine se trouve grumelée et échauffée. Si la farine présente un fond verd-bleu, cela annonce que le titre du bled est altéré. Si elle est bien moulue, et qu'elle ait un fond noir avec de la mollesse, il est constant que le bled a été changé en totalité. Il est arrivé qu'un garde-magasin a racheté son bled dans un marché jusqu'à trois fois. C'est bien là le cas de dire qu'un bon comptable n'est pas un bon garde-magasin. Il ne faut avoir tout au plus que trois ou quatre meûniers. Il n'y a point de doute qu'il ne soit plus aisé d'en surveiller quatre que vingt. De plus, par intérêt, ils le serviront bien ; et quand ils feraient autrement, un bon garde-magasin peut prendre des mesures pour qu'ils ne le puissent pas sans qu'il s'en apperçoive.

Par exemple, qu'un meûnier dénature le bled en y suppléant la quatrième qualité de bled froment, il est impossible que personne puisse s'y connaître quand il voit la farine, pas même l'homme le plus consommé dans son art ; aussi, souvent le garde-magasin qui veut avoir son pain égal, et qui pour y parvenir fait mêler toutes ces farines après les avoir visitées, examinées, même s'y connaissant parfaitement, n'est pas peu surpris que son pain n'est pas ce qu'il en attendait. C'est que le titre du bled a été changé par le meûnier, qui aura même substitué du froment pur de la 4.ᵉ qualité, espérant que comme les farines des magasins sont mêlées, on ne pourra le surprendre. Pour éviter cette tromperie, on ne doit avoir que quatre meûniers, leur donner à chacun une couche de bled, en les prévenant que leurs farines seront employées séparément; ce qu'il faut avoir soin de mettre à exécution: on peut être persuadé que dans la crainte d'être découverts, ils se garderont bien de vous tromper.

CHAPITRE VI.

Comment il faut travailler la farine pour la conserver en magasin; construction du four et ustensiles.

QUOIQUE le bled demande beaucoup d'activité et de soin pour sa conservation, la farine en demande encore bien davantage, parce qu'elle est sujette à une fermentation, sur-tout quand elle n'est pas extraite du son; les grandes chaleurs avec pluie engendrent, dans la partie du son, un insecte appellé *mite*, qui nuit singulièrement à la farine; quelquefois même on ne peut y rémédier.

Quand après avoir fait moudre au 15 septembre, et visité attentivement les farines, on trouve qu'elles sont bonnes, on peut les garder en sacs jusqu'au 1.er avril, ayant bien soin toujours de consulter le temps. Il faut visiter au moins tous les mois quelques-uns de ces sacs, en survider plusieurs pour s'assurer de leur état ; et pour peu que la farine se grumèle, on doit la verser sur le plancher pour la mettre en couche, si le local du garde-magasin le permet ; dans le cas contraire, on doit bien la travailler et la mettre en sac. Le mois de juillet arrivé, il est indispensable, pour prévenir la corruption des farines, de les mettre en couche ; car quelque soin que l'on prenne, elles contracteront plus ou moins un mauvais goût, si on veut les conserver en sacs. Si les magasins n'offraient aucun emplacement pour mettre les farines en couche, depuis le 1.er juillet jusqu'au 1.er octobre, le garde-magasin doit en louer un : si le gouvernement ne veut pas lui en allouer un, il ne peut qu'y gagner doublement ; car ses farines étant bien conservées, un sac de 200 pesant avec extraction de quinze livres par quintal, au lieu de rendre 170 rations, en rendra de 175 à 178 et donneront un pain superbe avec un goût exquis, tandis qu'étant défectueuses, faute de soin, comme elles n'ont plus ni vertu ni corps, elles deviennent difficiles à la manutention : quelque fortes que l'on tienne les pâtes, elles finissent encore par devenir trop douces et coulantes, et on n'en tire tout au plus que 165 rations pour un sac de 200 pesant.

On ne pourroit peut être pas croire qu'il y a une si grande différence, si malheureusement l'expérience ne le prouvoit. Et en effet, une farine qui a beaucoup d'âge et qui s'est conservée prend beaucoup d'eau ; et quoique l'on tienne la pâte très-douce, elle devient encore très-roide. Dans le cas contraire, la farine ne prend pas d'eau, et il faut de toute nécessité tenir la pâte plus forte ; on sent bien qu'il doit y avoir une grande différence dans les rations. Il faudroit donc mieux louer un local à ses frais, que d'exposer ses farines à se corrompre. Le local doit être autant que possible un rez-de-chaussée, pavé de carreaux de vingt-quatre pouces carrés environ ; qu'il soit grand : à défaut de rez-de-chaussée, un grenier bien abrité, pourvu qu'il y ait beaucoup de croisées, afin de les tenir ouvertes pendant la nuit, dans le temps des grandes chaleurs, et donner de l'air aux farines. Surtout qu'on se garde bien de prendre un grenier couvert d'ardoises, pour les raisons que j'ai déduites, relativement aux insectes

du bled. Pourvu du local nécessaire, le garde-
magasin fera vuider toutes ses farines ; et à
fur et à mesure qu'on les vuide , il ne faut
laisser aucun grumeau dans la farine, et la
rendre unie. Quand le nombre de sacs déter-
miné pour faire la couche a été vuidé, des
ouvriers avec des pelles la remueront et la
travailleront bien , afin qu'elle prenne par-
tout la même consistance , et qu'il n'existe
pas de veine qui soit meilleure ou inférieure ,
que la couche soit carrée, si le local le permet ;
qu'elle ait quinze pouces de hauteur ou au
plus 18 pouces si on ne peut mieux faire :
ce n'est que dans des cas extraordinaires qu'on
pourra la tenir à 21 ou 24 pouces. La couche
doit être égale par-tout , et on doit y faire
le plus de cheminées possibles : il seroit même
nécessaire, pour la plus grande conservation
de la farine, d'y mettre de l'étain ; c'est un
grand préservatif, quand il fait des pluies
chaudes ou des chaleurs extraordinaires. Il
faut régler, suivant le temps, le travail des
couches : dans un temps ordinaire d'été, qu'on
les remue , et qu'on les travaille tous les
quinze jours : si la saison est froide et venteuse,
une fois par mois suffit : si la chaleur est
étouffante avec de la pluie , une fois tous les
huit jours, pour empêcher que la farine ne

se compacte et ne se grumèle. Autrement il
en résulteroit de l'odeur, et les mites s'y
engendreraient à vue d'œil.

CHAPITRE VII.

*Construction des fours; ustensiles nécessaires
pour la manutention du pain de munition.*

Quoiqu'un garde-magasin ne soit pas chef
aux constructions, ni officier du génie, cependant il peut donner ses idées. Moi-même
à Ulm, je fus invité par M. Laborde, directeur
des vivres du 4.ᵉ corps de l'armée d'Allemagne,
à surveiller la construction de 16 fours, et
le chef aux constructions reçut mes observations. Il est d'usage pour éviter les plus grands
accidents que les manutentions des vivres-
pains soient établies dans des lieux écartés.
L'emplacement doit être choisi plutôt dans
un lieu élevé que dans un lieu bas, d'abord
pour la salubrité de l'air, qui influe tant sur
celle des bleds et des farines, ensuite pour
l'eau qui se trouve moins bourbeuse, mais
plus clarifié et plus roide; on ne sauroit dire
combien cette eau est avantageuse. La farine

en prend beaucoup , et le pain qui en résulte
a un meilleur goût , tandis que l'eau de bas-
sure oblige de faire les pâtes plus fortes ; de
plus , le pain n'est jamais aussi beau et con-
tracte même un mauvais goût. Un autre dé-
savantage qui se rencontre dans un endroit
bas , c'est l'humidité , le bois devenant humide
ne rend pas autant de bénéfice dans le chauffage , et les fours également humides sont
plus durs à échauffer. Un four pour 500 rations
doit avoir de dedans en dedans , 14 pieds de
longs sur 12 de large ; un de 13 sur 11 pourroit
encore contenir cette quantité , mais il vaut
mieux avoir un pied de plus pour que le
pain soit plus à son aise , et qu'on ne soit
pas obligé de le serrer quand il est déjà trop
prêt , pour qu'il relève mieux. Il est des chefs
aux constructions qui donnent aux fours de
500 rations 12 pieds de long sur 11 de large.
Je crois qu'ils sont trop petits , et qu'étant
presque ronds , on ne peut pas les chauffer si
aisément ; il ne peuvent pas non plus avoir
un si beau ceintre que ceux construits en
cul de poule dans les dimensions que j'ai
dites. L'enfournage et le défournage deviennent aussi plus difficiles , parce qu'on ne
peut voir dans les coins , et que très-souvent
il y reste des pains. La chapelle du four

doit être en anse de panier. Beaucoup de chef aux constructions n'en connoissant pas l'utilité, n'observent pas ce principe, parce que n'étant pas à-portée comme un garde-magasin des vivres-pains d'en éprouver les inconvénients, ils ne sentent pas qu'en faisant tomber les reins du four sur le carreau, ils empêchent par là le chauffage du four, en ce qu'on ne peut placer le bois dans les rives; d'ailleurs le pain s'y trouve mal cuit, et mal façonné si on l'en approche trop, et brûlé si le bois y reste trop long-temps.

Quand le four est ceintré, deux ou trois pieds de maçonnerie suffisent. On doit mettre autour du ceintre et au-dessous des tables des fours, des cailloux blancs si l'on peut s'en procurer pour conserver la chaleur. Un des meubles essentiels pour une manutention, c'est le pétrin. Pour les fours de 500 rations, les dimensions nécessaires sont pour la longueur quinze pieds, onze pouces d'auge, c'est-à-dire de fond; 19 ou 20 pouces dans le milieu; dans le haut 36 à 40 pouces. On ne doit ménager ni la longueur ni la hauteur, parce que plus le pétrin a de longueur, plus le pétrisseur a de facilité pour bien confectionner sa pâte qui ne se rejoint pas sitôt; et plus il a de hauteur, moins il se retire de pâte en la *frasant.* Quand il n'existe qu'un pétrin par chaque four, il faut pour déposer les levains un bacquet dont la continence soit à-peu-près celle d'une pièce de 70 veltes. Il serait cependant plus convenable d'avoir deux pétrins par four. Chaque four exige une table de la longueur de 15 à 16 pieds; et pour deux fours, une chaudière enclavée dans le milieu : il faut un bassin, un bacquet pour couler l'eau, un tour, un coupe-patte, enfin tous les ustensiles qu'il est inutile de désigner, tels que pelles, scies, etc. et enfin de grandes toiles pour coucher le pain. On se sert quelquefois aujourd'hui de pannetons : mais malgré leur commodité, je crois qu'il ne faut pas s'en servir, parce qu'ils entraînent des inconvénients qui nuisent à la bonté du pain. Quand le local de la manutention n'est pas assez grand, on est contraint de faire construire des tiroirs ; les toiles servant de couches doivent être en proportion des tables ou des rateliers sur lesquels on met des planches. Il serait nécessaire d'avoir une grande pelle de bois, pour défourner au moins 9 à 10 pains à la fois.

CHAPITRE VIII.

Manutention du pain.

Pour parvenir à une bonne manutention, que le garde-magasin emploie d'abord ses plus vieilles farines. Si par fois il en a qui aient pu avoir contracté un petit goût ou être altérées par quelques-uns des inconvénients dont j'ai parlé, il doit en employer, selon sa consommation, un quart par fournée, ou un huitième selon la quantité qui existe en magasin. Venons aux levains qui sont la base de la manutention du pain. Il en est beaucoup qui pour faire les levains emploient les farines d'une qualité inférieure, même celles qui ont contracté un mauvais goût, estimant que les levains prennent de la force, et retirent, en s'aigrissant et surissant, le goût que pourraient avoir les farines. J'ai été de cette opinion, et j'ai employé ce moyen comme un autre ; mais je suis revenu au principe que pour obtenir une bonne manutention, il faut se procurer de bonnes fondations, c'est-à-dire de bons levains. Et comme avec des farines inférieures on n'obtient que de très-mauvais

levains qui deviennent coulants , sans force ,
qui se rendent même en eau, je conclus d'après
les expériences que j'ai faites , qu'il faut employer de bonnes farines pour faire les levains
qui par ce moyen deviennent bombants, ac-
quièrent de la force , rendent le pain salubre
et bon , et réserver les farines inférieures
pour les dernières frases. D'après ce principe,
il faut que les levains pour le pain de munition soyent aussi bien soignées que pour
le pain blanc. C'est tellement reconnu , qu'un
bon pétrisseur avec de mauvais levains en se
donnant toutes les peines possibles, n'obtiendra
pas un pain aussi beau qu'un mauvais pétrisseur avec de bons levains. Il aurait été
inutile de parler des effets des levains dans
la manutention du pain , si je ne disais
comment il faut les conduire.

Pour un four de 500 rations , il faut avoir
un chef de 20 rations, c'est-à-dire 30 livres
de pâte pour qu'il ait de la force; 12 heures
dans l'hiver, 8 en été suffisent avant de le
rafraichir. Pour cela on prend de l'eau nécessaire pour former le double de pâte , et
la prendre à un dégré de chaleur propor-
tionné aux saisons et au temps. Il faut avoir
bien soin , en versant le chef dans le pétrin, de
couler en même temps l'eau dessus pour ne

pas laisser évaporer la fumée qui en fait toute la force; et après avoir bien délayé le chef, de prendre sa frase qui , pour être bonne doit être prise en quatre reprises, commençant sur-tout par la tête et suivant jusqu'à la queue, afin qu'elle soit égale partout; et quand elle est frasée, la contrefraser, au point que la pâte soit à la tête le plus qu'il est possible, et sur-tout qu'il n'existe dans la frase ni eau, ni grumeau, ni aucun vestige de farine. On doit ensuite donner quatre tours en découpant la pâte, en commençant deux découpages en dessous, et les deux autres en dessus, après mettre la pâte au sec , c'est-à-dire sur farine, puis pâtonner la pâte , la mettre en coussin , la coucher en tête du pétrin , et faire une fontaine avec de la farine le plus près possible pour que le levain prenne plus de force. Des manutentionnaires se servent de planches, ce moyen ne vaut rien ; car chaque fois que l'on retire la planche pour y substituer de la farine, la force des levains s'évapore avant que l'on puisse couler l'eau.

Les levains de première, pour avoir leur véritable apprêt , doivent en hiver avoir six heures, en été cinq , après lequel temps il faut faire ses levains de seconde, en suivant la même marche que pour les levains de première, couler de l'eau pour obtenir le double de pâte.

Quant au levain de troisième, en terme de boulangerie, *de tout-point*, pour le faire, prenez du levain de seconde en hiver au bout de cinq heures et en été au bout de quatre.

On pourrait, pour travailler la pâte, suivre la marche que j'ai donnée pour les levains de première et de seconde : cependant on peut s'en dispenser en bien frasant la pâte, comme je l'ai dit, et au lieu de quatre tours, n'en donner que deux. Il est bien urgent de ne pas négliger sa fontaine, d'avoir bien soin qu'elle ne croule pas quand on coule l'eau, attendu que par cet inconvénient on ne pourrait pas délayer, comme il faut, ni fraser ; et malgré les efforts du pétrisseur pour réparer ce tort, il n'en viendrait pas à bout, toute la force s'évaporerait. Il est une marque certaine pour savoir quand un levain a été bien conduit ; c'est qu'en le trouant avec la main, avant de couler l'eau, si vous présentez une chandelle elle se trouve soufflée par sa force.

Pour ce qui regarde la quantité de rations, il faut couler de l'eau, pour obtenir dans ce dernier levain 180 rations ou 360 livres de pâte; ce qui fait un peu plus du tiers de la fournée pour 500 rations.

Cette proportion doit servir de base aussi pour celle de 400. Quelquefois à l'armée, dans les pays étrangers, on trouve des fours de 750 rations. Moi-même à Stochrau, à huit lieues de Vienne en Autriche, chargé dans cette place de la manutention, j'ai trouvé deux manutentions dans lesquelles il y avoit dix fours de 750 rations ; mais la base est toujours la même. Toujours il faut régler la quantité de ses levains sur la grandeur de ses fournées. Pour pétrir levain et fournée et continuer le travail, même à brigade relevée, il faut doubler le chef, c'est-à-dire qu'il doit avoir 40 rations pour obtenir le levain de première de 80, le levain de seconde de 160, et le levain *de tout-point* de 310, pour les premières fournées. On observera qu'à la troisième fournée, les levains perdant un peu de leur force, il est nécessaire de les augmenter à mesure que le nombre des fournées augmente, parce que ce qui remplace les levains, n'étant plus que de la pâte, n'a plus de force. Il serait très-avantageux, quand on travaille à brigade relevée, de renouveller les levains toutes les 24 heures ; ce qui n'est malheureusement suivi dans aucune manutention ; peut-être dans l'idée que c'est du pain de munition et qu'il n'y faut pas tant de façon. Il est par exemple à Paris beaucoup de boulangers dont le travail

[35]

n'est interrompu que pendant deux heures ;
connaissant toute l'utilité de renouveller leur
levain, ils ont bien soin de faire retirer le
chef à la première fournée, pour conduire le
lendemain leur levain selon la règle.

J'ai dit qu'il fallait tant de rations pour
obtenir des levains et manutentionner les
fournées de pains de munition, mais je n'ai
pas dit combien il fallait de bassinées d'eau
par chaque levain pour y parvenir.

Le brigadier chargé de l'exécution et de la
perfection du pain, doit par l'expérience qu'il
en a faite, par la connaissance de la qualité
de l'eau, savoir combien il lui faut de bassinées pour ses levains. Un bon manutentionnaire doit encore consulter la température
et les saisons, car il est sûr qu'il en faut
davantage en été qu'en hiver, en temps sec
qu'en temps humide : le plus sûr est en observant tout ce que je viens de dire de se régler
sur les quintaux de farine ; il faut donc savoir
qu'un sac du poids de 200 à 15 livres d'extraction de son par quintal rendra 170 à 175
rations : c'est un peu plus que la moitié du
poids pour l'eau. D'ailleurs l'expérience, la
qualité des farines, procurent pour cela au
manutentionnaire intelligent des moyens dont
il se fait une règle constante et invariable.

Pour faire 4 à 5 fournées de pain par jour, et même à brigade relevée , il serait utile et avantageux pour les pétrisseurs, et même pour la confection du pain , d'avoir deux pétrins par four, lorsque le local le permet , et d'avoir des fours de 400 rations au lieu de 500.

Ordinairement les brigades sont composées d'un brigadier , de deux pétrisseurs , et d'un servant. Deux pétrins par conséquent présentent de l'avantage ; parce que chaque pétrisseur ayant le sien se pique d'émulation dans la conduite de ses levains et dans le pétrissage de sa fournée , pour obtenir une parfaite manutention ; ensuite parce que s'il arrive quelqu'inconvénient , l'un ne peut pas jetter la faute sur l'autre ; ce qui n'arrive que trop souvent.

Les fours de 400 rations sont préférables à ceux de 500. Personne ne doute qu'il ne soit plus facile de fraser une fournée de 400 , qu'une de 500. Il y a bien des pétrisseurs capables de faire la première qui , malgré tout leur courage, n'auraient pas la force de faire la seconde. D'ailleurs , comme la manutention demande une grande célérité, on parvient bien plus vite à opérer le pétrissage de l'une que de l'autre ; ce qui est bien nécessaire en hiver , car dans le second cas on

est obligé de rester plus long-temps au pétrin;
alors la pâte se refroidit, se glace, et se
trouve arrêtée dans sa fermentation. En été,
autres inconvéniens contraires: La pâte ne
pouvant être rendue aussi vîte que la saison
l'exige, fermente, rentre en levain, perd
toute sa force et rend un pain mat et lourd.
On m'objectera peut-être que 100 rations de
moins par fournées font sur 10 fournées toutes
les 24 heures, mille rations de déficit. Je
répondrai que l'on peut récupérer ce déficit.
D'abord dix minutes de moins au pétrin, cinq
pour tourner, deux pour enfourner, et une
pour défourner, ce qui fait sept heures sur
vingt-quatre. On m'objectera encore que le
pétrissage se fait un peu avant de défourner,
qu'il s'achève, lorsque l'on défourne, et que l'on
tourne quand le four chauffe : qu'il n'y a que
le temps de l'enfournage et du défournage
que l'on ne puisse contester. En convenant
de la justesse de cette objection, je dirai
qu'il s'en perd au moins quatre, parce qu'un
four de 500 rations est au moins 5 minutes
de plus à chauffer, et pendant ces 4 heures,
on pourrait faire deux fournées de plus, ce
qui fait à peu près la même quantité. Mais
on n'est pas exposé aux inconvéniens graves
qui résultent d'une fournée de 500 rations ;

on conduit son ouvrage avec plus de certitude: la qualité du pain est meilleure, et nul doute que les intentions de Sa Majesté et du Ministre directeur de la guerre ne soyent que le militaire reçoive au moins du pain de bonne qualité, comme étant l'aliment le plus nécessaire à sa santé.

Je reviens encore aux deux pétrins par four, et je prétends qu'il y a bien de l'avantage. Chaque pétrisseur ayant le sien est plus à-portée de soigner ses levains et de les perfectionner plus aisément que s'il pétrissait fournée et levain, attendu que les levains qui proviennent de la fournée et qui sont mis dans un bacquet ou tonneau ne peuvent pas être aussi bien travaillés que s'ils étaient faits séparément, comme les deux pétrins en donneraient l'aisance; ils ne peuvent jamais dans ce cas prendre autant de force et être aussi bons.

Il ne suffit pas de dire qu'il est plus utile de faire les levains séparément, que de les extraire de la pâte de la fournée; il faut en donner le mode.

Le premier pétrisseur commencera son levain de première trois heures avant son camarade, et suivra la marche donnée pour obtenir aux levains *de tout-point* assez de

pâte, afin d'en retirer dans un bacquet ses
levains de seconde, et un peu plus du tiers
de la fournée. Le second pétrisseur de son
côté prendra les mêmes mesures. Pour le
moment où on commence la manutention,
ses levains de seconde doivent être prêts,
c'est-à-dire que le premier pétrisseur travail-
lant la première fournée, le second doit faire
les levains *de tout-point* de seconde, et les
extraire. Enfin quand l'un pétrit une fournée,
l'autre doit faire les levains, et suivre succes-
sivement le travail, même à brigade relevée.
Le brigadier qui répond de l'exécution du
service doit surveiller les opérations du pétrisseur, voir s'il prend son eau au degré nécessaire, s'il délie bien ses levains, s'il frase
et contrefrase bien sa pâte, s'il la tient forte
ou douce. Il vaut toujours mieux qu'elle soit
forte, au moins le pain y gagne pour le goût.
Quand la pâte est frasée et contrefrasée, il
faut lui donner deux bons tours, et la mettre
sur farine, elle prend plus de consistance,
et se trouve plus aisée à gasonner pour être
pesée. Pour la bien contrefraser, il faut la
prendre à quatre reprises, et c'est dans la
dernière que le garde-magasin doit faire
entrer la farine défectueuse qui se trouve
dans ses magasins, suivant sa consommation

et la quantité qu'il a. En hiver quand la pâte est finie, il est nécessaire de la laisser pointer, c'est-à-dire rentrer en levain tant soit peu; en été il faut la tourner de suite; car si on la laissait pointer, les derniers pains qui seraient tournés auraient éprouvé trop de fermentation dans le pétrin, et seraient peu propres à une bonne manutention. Je me suis déclaré contre l'usage des pannetons, c'est ici que je dois en parler, et faire voir comment cet usage s'est introduit.

Autrefois le garde-magasin des vivres-pains était le brigadier principal de son magasin. Souvent s'étant appliqué à la manutention, il connaissait mieux que les boulangers tous les moyens de parvenir à la confection du pain. Les aides du garde-magasin n'étaient pas moins jaloux de s'instruire, et il n'y a point de doute que le service ne fut fait avec plus de perfection. Avant que le service des vivres-pains ne fut donné par entreprise, la régie n'admettait dans cette partie aucun employé qu'il n'eût fait un surnumérariat de six mois, et même plus, suivant ses connaissances acquises, et il ne devenait aide-garde-magasin, qu'après avoir subi un examen par l'inspecteur de la division. Aussi n'avons-nous presque plus de vrai garde-magasin des vivres-pains; ce ne

sont plus que des comptables qui n'ont aucune idée des connaissances qu'ils devraient
avoir tant pour le mélange que pour la conservation du bled, des farines. Ils en laissent
le soin à leur principal journalier. Pour la
manutention du pain, ils se reposent sur
leur brigadier. Et comme l'usage des pannetons leur a paru commode, ils les ont employés, peut-être même s'est-il mêlé un peu
d'intérêt dans leur vue ; car en se servant de
pannetons, on peut tenir la pâte beaucoup
plus douce, au point de gagner six rations
par chaque sac du poids de deux cents livres :
mais il résulte de ces pâtes trop douces une
très-mauvaise manutention : fort souvent,
pour peu que les pains soient prêts ou levés,
ils deviennent plats ; et quand bien même le
brigadier par sa surveillance obtiendrait qu'ils
fussent beaux en apparence, il n'en est pas
moins vrai qu'ils ne vallent rien pour la subsistance. Il n'ont que le goût d'eau, sans aucune consistance, et ne peuvent procurer une
bonne nourriture au militaire. C'est si bien
reconnu que les maires, adjoints et commis-
raires de police des villes interdissent aux
boulangers de se servir de pannetons pour la
confection de leur pain. Il est à présumer
que Son Excellence le Ministre de la Guerre

interdira aussi à tous les gardes-magasins de s'en servir à l'avenir.

Quand les pains sont tournés, il faut que la surveillance du brigadier épie le moment d'enfourner ; en été, le dernier pain tourné, on arrange le four. Il en est qui suivent le même principe en hiver. Mais je ne suis pas de leur avis : car quand une pâte est bien confectionnée, il vaut mieux que le pain soit un tant soit peu prêt que pas assez, parce que la fermentation ayant dans le pain pris tout son essor, la mie est sèche, et repousse le doigt quand on l'y présente. Au contraire, quand le pain n'a pas assez fermenté, la mie est grasse et s'enfonce quand on la touche avec le doigt. De plus, la croûte cloche et le pain est très-défectueux.

Pour l'enfournage, il n'y a presque rien à dire, c'est la vivacité et l'adresse du boulanger qui fait tout. Je dirai seulement que l'on doit enfourner par quartier et le plus promptement possible, et de baiser les pains par quatre à cinq baisures pour éviter les coups de feu ; autrefois les réglements en demandaient sept. En France on se sert, pour enfourner, d'une pelle de fer qui ne peut tenir qu'un seul pain ; en Autriche, ils ont des pelles de bois qui tiennent deux pains :

comme l'enfournage accéléré est le meilleur, je préférerais l'usage d'Autriche.

On dira peut-être que les pains ne peuvent pas être aussi bien posés; si ce leger inconvénient existe, on en est bien dédommagé par l'accélération de l'enfournage dont il résulte pour les pains une cuisson bien plus égale. Il y a encore moins de choses à dire pour le défournage. Il n'est besoin que d'une pelle avec laquelle on puisse défourner 9 à 10 pains. Il faut avoir soin de recommander aux porteurs de ne pas laisser encombrer le défournage, de crainte que le pain ne s'écrase, de ne pas poser les pains dans le brancard sur leur baisure ; la même chose lorsqu'ils le déposent dans la chambre.

Je passe maintenant au chauffage du four, qui demande aussi des précautions. D'abord le brigadier doit observer que le four est plus ou moins dur à chauffer selon le temps, plus dans les temps moux et pluvieux, moins quand il est beau et sec ; d'ailleurs , quand il pleut le bois perd sa force et ne chauffe pas autant.

Ce qui demande une grande attention de la part du brigadier , c'est de bien connaître et de distinguer la nature du bois, parce qu'il en existe ordinairement de trois sortes dans une voiture , du bon bois ordinaire, du bois supérieur et du mauvais. Avec cette connaissance, il évitera les inconvénients auxquels sont exposés ceux qui sans examiner la nature du bois composent toujours leurs charges de la même quantité de bois, et obtiennent leur four tantôt trop chaud, tantôt pas assez sans pouvoir en saisir la cause. Il ne prendra donc pas le bois comme il se présente ; il choisira la moitié en bois ordinaire , le quart en bois supérieur et l'autre en bois avarié , c'est-à-dire qui a servi de couverture à l'autre. Il n'oubliera pas de consulter un peu le temps comme je l'ai dit ; par ce moyen , il obtiendra toujours à-peu-près le même degré de chaleur pour son four. A la première fournée , on doit placer du bois en long dans la rive du fond , faire deux charges par chaque côté qui en approche ; quand elles sont fondues, en refaire deux autres sur les rives des côtés en rapprochant toujours , observant de les faire beaucoup plus fortes dans le second quartier que dans le premier ; chauffer ensuite la bouche et le coin aux allumes, car c'est l'endroit où le four doit avoir plus de chaleur, puisqu'on y enfourne les derniers pains qui doivent cependant avoir le même degré de cuisson que les premiers enfournés. En supposant d'ailleurs qu'il ne fût pas assez chaud dans le fond, il se trouverait soutenu par la bouche. Du chauffage de la première fournée dépend celui des fournées de tout le jour. A la seconde, il ne faut plus mettre de bois dans les rives du fond, diminuer les deux charges du premier quartier, et soutenir toujours celles du second quartier de la bouche et du coin aux allumes. Ainsi de suite pour les fournées suivantes.

J'ai avancé dans le chapitre de la manutention que quelquefois des circonstances malheureuses peuvent exiger que l'on employe dans la confection des pains d'autre grains que le bled. Ces circonstances sont rares; mais comme elles peuvent se rencontrer, je dirai comment en pareil cas je me suis conduit pour préserver Abbeville des horreurs d'une famine qui la menaçait. Les habitans de cette ville étaient réduits à manger du pain fait avec du son. Deux régiments de carabiniers à cheval étaient en garnison dans cette ville ; et comme il n'y avait plus de bled dans le magasin militaire, M. Brestin, alors commissaire des guerres, ordonna au garde-magasin de se rendre dans les campagnes pour se procurer des grains ; mais comme celui-ci ne put parvenir à s'en procurer, M. Brestin connaissant mon activité, me chargea de cette commission.

Vu l'urgence des circonstances, je ne perdis pas un moment, et je volai de suite dans les campagnes et dans les marchés voisins. Enfin après bien des fatigues et des dangers, je parvins à me procurer du bled, mais non pas en quantité suffisante. J'achetai de l'orge, de la pamelle, des fèves de marais, des favelottes et des pois. M. Brestin fut étonné de mon achat : « au reste, (me dit-il) si vous avez » agi ainsi, c'est que vous croyez pouvoir tirer » parti de ces matières ». Quoique je n'eusse jamais employé de pareils moyens, il fallut commencer l'épreuve, et c'est là le cas de dire que nécessité tire parti de tout. Je commençai par aller trouver plusieurs meûniers, en leur demandant s'ils pouvaient moudre des fèves de marais, des favelottes, des pois, ils me répondirent tous qu'ils n'en avaient jamais moulu, mais qu'ils éprouveraient à le faire. Je leur donnai à chacun un sac de chaque sorte et je leur recommandai de moudre le plus fin qu'ils pourraient. Je donnai également à moudre 400 septiers d'avoine, que M. Brestin me fit prendre dans les magasins.

Le lendemain, ils me rapportèrent le tout converti en farines. Après les avoir examinées,

[47]

j'en trouvai qui étaient très-grosses, d'autres moyennes, et d'autres qui étaient au degré que je demandais. J'observai que la farine d'avoine était à la main comme si on eût manié de l'étoupe. D'après les informations que je pris d'eux, je sus que les fèves de marais etc. étant d'une nature plus sèche que le bled, se cassaient et se brisaient davantage; qu'il aurait fallu pour obtenir une mouture telle que je demandais, que leurs moulins fussent prêts d'être rebattus. Dans la manutention, il faut avoir bien soin d'extraire le son de ces farines; car l'écorce de ces denrées étant amère nuirait au goût du pain : faire les levains avec de la farine de bled ; la fontaine avec celle de pamelle ou d'orge, employer ensuite pour la confection de la fournée la farine de fèves de marais, de favelottes, de pois et celle d'avoine. Dans le cours de mes opérations, j'ai reconnu [ce qui ne m'a pas peu surpris] que celle de favelottes était plus propre à être travaillé que celle de fèves de marais. Les levains doivent être faits, comme je l'ai déjà dit : seulement j'observerai que ces matières étant par elles-mêmes fort sèches, se cassant et se brisant aisément, il ne faut pas couler l'eau aussi chaude, et ne pas faire la pâte aussi roide. Je me suis apperçu dans le principe de mes épreuves, que le paitrisseur se trouvant surpris, la pâte prenait trop de force et faisait *carner* le pain, c'est-à-dire le faisait ouvrir. Il ne faut pas laisser la pâte trop s'apprêter, parce que le pain ne releverait pas dans le four qu'il est nécessaire de chauffer plus que pour le pain de bled, attendu que j'ai vu plusieurs fois que le pain était brûlé par-dessous sans avoir assez de couleur. La cuisson demande moins de temps que pour le pain de bled, vu la sécheresse de la mie qui repousse le doigt quand on l'y présente. Il est bien à souhaiter qu'on ne soit jamais obligé de recourir à de pareils moyens; mais du moins, si les circonstances se rencontraient, on pourrait profiter de mes expériences et empêcher par-là les résultats terribles qu'occasionnerait une populace affamée. Pour moi, je l'avoue, c'est l'amour du bien public qui m'a conduit. J'ai voulu être utile à mon pays, et je le fus à ma manière comme pourraient l'attester les autorités civiles et militaires d'Abbeville, témoins de tous les faits que j'avance. Dans ces circonstances périlleuses, je bravai plus d'une fois la mort. Mon zèle actif me fit même sacrifier une partie de ma fortune, puisque de 112,000 livres assignats qui m'étaient dues en l'an deux,

je fus réduit primitivement par les liquida=
teurs généraux à Paris, suivant l'échelle du
gouvernement inférieure de moitié à celle
du département de la somme, dans lequel
s'est faite la fourniture à 8,5oo liv. ; ensuite la
liquidation intermédiaire me réduisit en fin
de compte à 4,7oo livres, sur quoi j'eus,
conformément à la loi, deux tiers de *bons*
qui ne valaient rien, et je fus porté sur le
grand-livre pour le tiers consolidé, créance
que je fus forcé de vendre. Si je calculais
les dépenses que j'ai faites avec ce que
j'ai reçu, on verrait que j'ai fait plus
que perdre : mais s'il ne me reste rien, j'ai
du moins la consolation, bien grande pour moi,
d'avoir été utile au gouvernement.

J'ai encore avancé qu'on peut accélérer la
confection du pain, je vais donc indiquer les
moyens à prendre, moyens que j'ai employés dans des circonstances où des batail-
lons, des demi-brigades arrivaient sans qu'on
en eut donné l'avis assez à temps, pour suivre
la marche ordinaire.

Il faut aller chez tous les boulangers les
prier de détacher de leurs levains ou de leur
chef, c'est-à-dire de leur levain de première,
ce qu'ils peuvent, et le partager par chaque
four. Ensuite il faut pour suppléer à ce qui

4

manque, mettre des levains de bière pour soutenir la fermentation, joindre de l'eau-de-vie du plus fort degré, ainsi que du vinaigre le plus fort que l'on peut trouver. La proportion est en raison de la quantité de rations de pain et de la grandeur du four. Si le four est de 5oo rations, il est nécessaire d'avoir, pour ses levains *de tout - point*, pour une fournée simple 16o rations, et pour paitrir fournée et levain , 32o rations. Si pour une fournée de deux ou de quatre fours , on n'a que 4o rations et qu'il en faille 12o, il faut y suppléer par quatre livres de levain de bière ou quatre pots ; si on ne se trouvait pas trop pressé, deux pots ou trois litres et demi d'eau-de-vie du degré désigné, et la même quantité de vinaigre. Si la fourniture demandait que l'on continuât le travail, et qu'il fallut paitrir fournée et levain , la quantité de levains de bière , d'eau-de-vie et de vinaigre doit être employée en proportion, en observant qu'il est absolument nécessaire d'alimenter les levains naturels par ces moyens, d'en diminuer la quantité à fur et à mesure qu'ils prennent de la force et de la consistance, jusqu'à ce qu'ils ayent obtenu le degré de fermentation, d'où il puisse résulter une bonne manutention.

Ces levains n'étant pas naturels et n'ayant
pas le degré de force nécessaire, le paitrisseur doit bien prendre sa frase et soutenir
sa pâte, ne pas trop la travailler, pour ne
pas trop altérer la force du peu de levains
qui y existe ; ceux de bière et l'eau-de-vie
aident à la fermentation, le vinaigre donne
du goût au pain. Il n'est pas inutile de laisser
la pâte entrer un peu en levain, et de suite
il faut tourner les pains, et le dernier tourné,
enfourner ; car pour peu que le pain fut trop
prêt, il ne releverait pas du tout dans le four.
D'ailleurs ce mode est conforme à la célérité
qu'exige la circonstance. Il est vrai que la
manutention n'obtient pas une parfaite confection, mais le goût et la bonté n'y perdent
rien dans les cas imprévus. On ne peut pas
déterminer le nombre de boulangers à employer à chaque four, mais le chef de la
manutention doit faire son possible pour en
avoir un ou deux de plus par four : en cela
il doit plus consulter le bien du service que
ses propres intérêts. On dira peut-être qu'ils
s'embarrasseront l'un l'autre ; mais que l'on
considère que s'ils sont deux au pétrin, au
lieu d'un, la pâte est bien plutôt confectionnée ; si pour tourner, il se trouve un homme
de plus, on a le même avantage : le briga-

dier, au lieu de peser le pain, ne s'occupe qu'à chauffer le four et à le tenir prêt, pour enfourner aussitôt que le dernier pain est tourné. Dans l'enfournage, deux hommes de plus apportent beaucoup de célérité. De plus, ces hommes au commencement préparent l'endroit pour poser les pains défournés, et aident les servants qui les portent dans la chambre, de manière que le défourneur n'est jamais encombré de pains. Quand le premier quartier est défourné, un de ces hommes fait la charge pour allumer le four, aussitôt que le dernier pain est défourné. Mais pour soutenir cette activité, il ne faut pas que le chef quitte la manutention ; il faut au contraire que par sa présence, il encourage ses ouvriers en se rendant lui-même utile, en augmentant soit leur salaire ou leur nourriture à proportion du mal qu'ils prennent ; par cette conduite il est sûr d'obtenir d'eux tout ce qu'il voudra.

A l'appui de ce que je viens de dire, je citerai deux circonstances dans lesquelles j'ai employé ces moyens extraordinaires. Des troupes devaient arriver à Abbeville, l'officier chargé du détail et des logements se présente à la mairie, on demande le préposé aux étapes, pour assurer la subsistance de ces troupes dans le plus court délai. Le préposé refuse de le faire, en disant, d'après l'ordonnance, qu'il fallait qu'il fût prévenu huit jours d'avance ou au moins deux fois vingt-quatre heures. Malgré les instances du maire, il persista à ne pas vouloir se charger de faire la fourniture, probablement parce qu'il ignorait les moyens d'accélérer la fabrication du pain. On eut recours à mon activité : je m'en chargeai, et je parvins à assurer la subsistance dans quatre heures à un bataillon, dans six à une demi-brigade, dans huit à une colonne. Je prenais mes mesures, selon l'importance des fournitures. Les autorités civiles et militaires m'ont donné des certificats qui constatent ces faits, et qui sont déposés au ministère de la guerre, bureau de M. Leger. Dans la dernière guerre d'Allemagne à Stochrau en Autriche, à huit lieues de Vienne, il me fut ordonné par le commissaire des guerres de la division de la garde-impériale, suivant sa lettre datée du 12 Juillet 1809, de préparer pour le 13 dudit mois 12,000 rations de pain pour sa division qui retournait à Vienne, vu la cession d'armes. Comme je n'avais plus de boulangers, je mis tous ceux de la place en réquisition, afin d'assurer le service. Mais quel fut mon étonnement, quand je vis qu'ils faisaient des pâtes hors d'état de pouvoir servir ! Je me jettai au pétrin pour refaire leurs pâtes et pour leur montrer la manière dont ils devoient s'y prendre. Aussi le service ne manqua-t-il pas. Le commandant de la place et le bourguemestre qui en eurent connaissance m'en ont délivré un certificat que j'ai remis à Son Excellence le Ministre Directeur de la Guerre.

Si par mes expériences je n'eûs point connu les moyens d'accélérer la fabrication du pain sans préparation de levains , il est bien clair que le service eût manqué. Par ces moyens, j'ai plus de cinquante fois empêché dans Abbeville les attroupements toujours à craindre d'une multitude affamée.

Il serait donc essentiel qu'un bon garde-magasin ne se bornât pas à être seulement comptable, qu'il cherchât à acquérir des connaissances dans la partie des vivres. Autrefois, par exemple, on exigeait des employés un surnumérariat. On n'élevait aux différents grades que d'après le degré de connaissances dans cette partie ; mais depuis que l'administration des vivres-pains a été donnée par entreprise , tout a bien changé de face. Il est à désirer qu'elle reprenne son état primitif et que l'on n'admette que ceux qui auront fait preuve de connaissances dans cette partie.

Il me reste à parler maintenant de la fabrication du pain à la manière de Paris : un bon manutentionnaire doit la connaître, parce que ce pain est très-utile pour les blessés et les malades dans les hôpitaux à l'armée, et pour les militaires quand ils font la soupe. Comme je l'ai innové à Abbeville, j'exposerai les procédés que j'ai suivis ; mais avant, je dirai deux mots des difficultés que j'ai eu à vaincre, et des entraves par lesquelles on a cherché à m'arrêter.

J'eus d'abord à lutter contre la mauvaise qualité des bleds. Tous les boulangers qui revenaient de Paris, après de vaines tentatives, étaient obligés de reprendre leur ancienne méthode. D'autres de Paris même, qui vinrent s'établir à Abbeville, ont été contraints d'abandonner leur mode de manutention. Mes expériences réitérées me rendirent plus heureux. C'est à l'abbaye de Valloires, à sept lieues d'Abbeville, où j'entrai comme boulanger, après avoir quitté la maison du duc d'Orléans à Sainte-Assise à dix lieues de Paris, que libre de mon temps, je fis sur cette manutention une étude particulière. Au sortir de cette abbaye, je pris un établissement à

Abbeville, et telle fut ma vogue que je ne pouvais suffire à contenter les personnes qui venaient pour avoir de ce pain, à la grande surprise de mes confrères qui ne pouvaient s'imaginer comment je faisais pour fabriquer à Abbeville du pain à la manière de Paris. Comme il me fallait la première qualité de farine, ils cherchèrent à entraver mon commerce, en portant plainte contre moi à la mairie, de ce que je me permettais, au mépris des réglements de police, de vendre le pain plus cher que la taxe. Ils appuyaient leur plainte sur un jugement qui avait condamné l'un d'eux, pour avoir vendu contre les mêmes réglements, son pain au-dessus de la taxe, quoiqu'il fut reconnu que son pain était d'une qualité supérieure à celui des autres boulangers. Je fus donc mandé à la mairie, et après avoir fait mes observations et déposé plusieurs de mes pains sur le bureau, il fut arrêté par MM. les maire et officiers municipaux qui rendirent justice à mon zèle pour l'innovation de ce pain, que je le vendrais le prix que je voudrais, attendu qu'il était de luxe ; et en réponse aux observations faites par les boulangers au sujet de la condamnation de l'un d'eux, il leur fut dit qu'à la vérité le pain de ce boulanger avait plus de

qualité que celui des autres, mais que c'était
la même manutention ; qu'au surplus, ils
fissent comme moi et qu'il leur serait également permis de vendre le prix qu'ils voudraient.
J'ai communiqué à quelques-uns de mes
élèves la manière de faire ce pain ; j'ai fait
naître l'émulation parmi mes confrères, et
aujourd'hui plusieurs d'entre eux sont parve-
nus à procurer aux habitants d'Abbeville ,
un pain aussi bon que beau.

Dans toutes les sortes de pains, c'est la
bonté des levains qui opère une bonne manutention ; mais pour celui de Paris, il est
d'une nécessité indispensable de les bien travailler et de les bien conduire ; car s'ils
obtenaient trop de force , c'est-à-dire ,
s'ils étaient trop prêts, il serait impossible ,
malgré tout le soin et l'activité, de bien
réussir. Quand ils sont une fois engraissés,
on ne peut plus parvenir à les rendre bons.
Les boulangers même de Paris , quand
leurs levains se trouvent dans cet état, ne
s'en servent plus, et s'en procurent chez
leurs confrères.

Ordinairement à Paris où les farines sont
excellentes dans tous les levains, comme dans
le paitrissage de la pâte, on la frase et contrefrase
le plus scrupuleusement possible. On lui

donne ensuite quatre tours , en découpant en-dessus et en-dessous , pour coucher ses levains que l'on met sur farine , afin d'en faire des coussins , et de l'arranger à la tête du pétrin, en fontaine. Pour le paitrissage , le même travail : on la découpe en-dessus et on lui donne un tour de batage , pour la mettre sur farine ou dans les corbeilles, afin qu'elle pointe , c'est-à-dire qu'elle rentre un peu en levain. Aussitôt qu'elle est pointée , on tourne le pain sans trop fatiguer la pâte; il faut recommander au peseur de présenter les pains, autant que faire se peut , d'un seul morceau. Quand les pains sont tournés, il faut en suivre l'apprêt , enfourner , régulariser l'enfournage par quartier , baiser les pains par les bouts, de crainte qu'ils ne cassent croûte , mais non par les côtés , ce qui les empêche de relever, et fournit des baisures au pain. Quant au chauffage, je n'en dis rien : il faut suivre le procédé que j'ai indiqué pour une fournée de pain fabriquée à la manière de Paris ; il faut la moitié en levain, mais surtout qu'il ne soit pas retombé et qu'il ait toute sa force et toute sa vigueur.

Ordinairement les fours à pain blanc sont de la continence de 40 pains de huit livres. Il est nécessaire de porter la quantité des levains à 130 livres pour une simple fournée: Mais pour suivre le travail , il faut les porter à 170 livres, afin d'obtenir en paitrissant les levains de seconde, ceux des fournées suivantes.

Pour commencer ses levains de première , il faut être pourvu d'un bon chef du poids de deux livres , bien renforcé , y joindre trois quarts de livres de levains de bière , prendre de l'eau pour former la quantité de 36 liv. de pâte; observer en hiver pour les premiers qu'elle soit bien chaude , travailler ce levain de première jusqu'à ce que la pâte ait pris du corps; aussitôt que ce levain est monté , prendre de l'eau pour obtenir dans le levain de seconde 72 livres de pâte ; travailler davantage ce levain de seconde : il ne faut pas prendre l'eau tout-à-fait aussi chaude que pour le levain de première ; le ranger en fontaine le plus près possible de la tête du pétrin pour qu'il prenne plus de force. Je dois observer que pour reconnoître si ses levains de première et de seconde sont bons , il faut qu'en versant l'eau pour les délayer, ils reviennent en-dessus en globant sans se détacher. Aussitôt que les levains de seconde sont prêts , on doit faire ceux *de tout-point*; c'est sur ces derniers , que l'on doit porter toute son attention : il faut prendre de l'eau, pour obtenir 170 à 180 livres de levains. En temps de gelée, l'eau doit être mois chaude que pour les levains de seconde. Il faut joindre à ces derniers le sel que l'on doit mettre dans la fournée pour leur donner du corps et du soutien. Il n'est pas de règle à donner pour le travail de ces levains, à cause de la médiocrité des farines du pays. On doit travailler la pâte jusqu'à ce que les mains, sans secours de farine, en soient dégagées, et c'est en donnant seize tours que l'on y parvient.

Certes, je suis sûr qu'il n'est point de boulanger qui ne se récrie contre ce que j'avance ici, et qui ne dise que c'est altérer et affoiblir la force des levains. Eh bien, d'après l'expérience que j'en ai faite, je dirai que j'ai obtenu des levains bombants et de la dernière perfection.

En été, il faut, pour conduire les levains, prendre l'eau moins chaude pour ceux de première, diminuer le degré de chaleur pour ceux de seconde, et prendre de l'eau sortant du puits pour faire ceux *de tout-point*. On ne doit pas oublier le sel qui donne du corps; il les soutient, sur-tout en été, quand il survient un orage. Je ne dirai rien du temps qu'il faut donner aux levains ; car le levain de bière a un effet si prompt, qu'en

[61]

une heure et demie on peut faire ces trois levains. Les derniers par l'excès du travail et le sel que l'on employe peuvent en hiver se conserver cinq heures , et en été quatre , et même aussi cinq , en y mettant de l'eau sortant du puits.

Pour paitrir , qu'on ait soin de bien fraser et contrefraser la pâte , de l'allonger le plus qu'on peut. Ordinairement on frase à quatre reprises , il en faut six. Ensuite il faut donner deux tours , retirer ses levains de seconde , donner six autres tours , user de la plus grande célérité, toujours en découpant. Quand on a donné huit tours à sa pâte , on doit dé-layer une livre de levure de bière , y mettre le moins d'eau possible , et l'étendre dessus la pâte ; puis lui donner huit autres tours , toujours en découpant en-dessous , (car cette règle vaut mieux que le battage de la pâte) après la mettre en corbeille , avec un tour de découpage en-dessus et de battage. En suivant ce procédé , on obtient une bonne pâte qui a un corps considérable , et qui en prenant son apprêt sur couche , fait le globe. On peut donner autant d'apprêt que l'on veut , jamais les pains ne retombent. Je vais en citer une expérience.

Autrefois à Abbeville, les boulangers cuisaient

le plus qu'ils pouvaient le samedi , pour ne
pas cuire le dimanche. Comme il me fallait
beaucoup de pain un samedi, je commençai
à minuit , pour finir à minuit suivant. A la
dernière fournée, après avoir travaillé ma
pâte et l'avoir tournée , je m'endormis pendant
trois heures. En m'éveillant, je me jettai à
mon pain, et je m'apperçus qu'il avoit con-
servé un apprêt bombant. Je chauffai mon
four de nouveau , j'enfournai et j'en ai obtenu
la plus belle fournée de pain possible. Il
était si léger, qu'en le présentant au soleil ,
on voyait au travers. On ne voudra pas croire
ce que je dis : mais je puis l'attester d'après
mon expérience que le hazard a secondée.
C'est bien là le cas de dire que la nature se
trouve remplacée par l'art. On peut, avec
moins de travail , parvenir à faire à Abbeville du pain à la manière de Paris ; mais on
ne l'obtient pas aussi beau que je l'obtenais
par mon exactitude, ma grande sévérité dans
la conduite des levains et du paitrissage.

J'étais si ambitieux de la perfection de mon
pain, qu'étant au camp de Boulogne , et ne
voulant pas que mes pâtes fussent négligées,
je faisais, pour accélérer le paitrissage, donner
huit tours par un garçon boulanger , et les
huit autres tours par un de ses camarades ;

mais quand je m'apperçus qu'ils mollissaient au pétrin, que le courage ou la force leur manquait, je me décidai à donner moi-même les seize tours à la pâte et à ne jamais leur confier mes levains. Aussi avais-je toujours un pain superbe, au point que les boulangers de Boulogne, jaloux de mes fournitures, allaient offrir aux colonels leur pain à un prix inférieur ; et quand je leur prouvai que trois livres de mon pain prenaient plus de bouillon que quatre livres du leur, ils finirent par me laisser la fourniture. On ne peut me contester ces faits ; car les conseils d'administration, en quittant les camps de Boulogne, m'en ont donné des certificats que j'ai déposés au ministère de la guerre, avec une pétition par laquelle je demandais du service en qualité d'inspecteur des vivres-pains, dans la dernière guerre d'Allemagne.

Il me reste à dire un mot de la manière dont on doit conduire les levains ultérieurs. Le temps qui s'écoule pendant que vous donnez les quatorze tours, après avoir retiré vos levains de seconde, avec celui pendant lequel la pâte pointe en corbeille, et pendant lequel on tourne, suffit pour faire avec le levain de seconde, le levain *de tout-point* ; si c'est en hiver, il faut prendre l'eau un peu chaude ;

afin qu'il soit prêt aussitôt qu'on a fini de tourner ; joindre à ce levain de seconde trois quarts de levain de bière, et ne pas mettre de sel, le réservant pour paitrir. Il ne faut. pas travailler ces levains, comme s'ils devaient passer la nuit. Huit tours suffisent ; mais quant à la pâte, il faut pour la perfection du pain donner les seize tours. En été, l'eau doit être prise un peu douce, c'est-à-dire plus que tiède, et il faut suivre ce principe dans la continuation du travail pour faire cinq, six, sept, huit et même neuf fournées, toutes les vingt-quatre heures : J'observerai qu'il est absolument nécessaire de renouveller ses levains toutes les vingt-quatre heures ; c'est ainsi que je me suis conduit à Znaïm en Moravie, où malgré la grande évacuation, il existait trois hôpitaux remplis de militaires blessés et malades, pour lesquels je fus obligé de manutentionner le pain dans des fours de 500 rations.

Il est constant que sans la vertu des levains de bière, il ne serait pas aussi aisé de parvenir à la perfection de ce pain de Paris, parce qu'ils poussent et fermentent plus vite que les levains naturels. On m'objectera peut-être que l'on ne peut, d'après cela, fabriquer de ce pain dans les pays où il ne se fait pas

de bière. Mais dans ces pays qui sont exposés au midi, on est dedommagé par la qualité du bled qui y mûrit parfaitement et par
la mouture que l'on y soigne davantage ; au
lieu que dans nos contrées, les bleds sont
moulus à la grosse ; ce qui écarte de la fleur
le gruau dans lequel existe le suc végétal.
Dans le midi, on laisse aussi vieillir la farine avant de l'employer, ce qui la rend
plus roide et lui donne un corps considérable.
Ces trois avantages donnent aux levains naturels la force de ceux de bière.

Il serait à desirer que les meûniers d'Abbeville suivissent l'exemple de ceux d'Amiens
et établissent des moulins économiques. L'objection qu'ils auraient pu faire contre ces
établissements, savoir, que les environs
d'Abbeville produisant très-peu de froment,
n'existe plus aujourd'hui. Les fermiers devenus
plus curieux, moissonnent autant de froment
qu'il est nécessaire pour l'approvisionnement
de la ville. Comme il serait aussi à desirer
qu'un boulanger qui aurait la faculté d'acheter
huit cents quintaux de bled, par exemple, ne
préférât pas garder son bled en sac, et le
faire moudre selon que sa consommation le
demande ; mais qu'il fit moudre le tout,
parce que, comme je l'ai dit, plus la farine

est gardée, meilleure elle est pour la manutention ; elle est aussi plus blanche, donne un meilleur goût au pain et rapporte davantage.

CONFECTION DU BISCUIT.

AUTREFOIS on ne se servait de biscuit que dans les guerres sur mer ; mais aujourd'hui la manière de faire la guerre est bien changée. Les armées ne restent plus, comme par le passé , en présence pendant toute une campagne , en se livrant une ou deux batailles rangées. Dans la dernière guerre d'Allemagne, je partis d'Ausbourg le 19 d'avril dernier , chargé et comptable d'un convoi de biscuit et d'eau-de-vie , et j'arrivai le 10 mai suivant, sous les murs de Vienne. L'armée française en poursuivant l'ennemi, faisait quelquefois trois étapes par jour. Il n'était pas possible, dans de si longues marches , de faire suivre les caissons chargés de pains de munition ; mais il était urgent de s'approvisionner de biscuit pour en faire la distribution à l'armée, quand elle manquait de vivres, soit en arrivant dans les villes, soit en restant au bivouac. L'inspecteur, le garde-magasin, l'aide-garde-magasin des vivres-pains doivent donc connaître la manutention du biscuit, la manière de l'encaisser pour qu'il se conserve.

Il faut employer pour la confection du biscuit toute la plus belle farine de froment bien passée quand on peut se la procurer. Cependant on peut employer moitié farine de seigle. C'est ce qui m'est arrivé de faire à Znaïm en Moravie, où je n'avais pas assez de farine de froment pour confectionner trois cent mille rations ordonnées, et le biscuit se trouva encore bon.

Il ne faut pas autant de levain que pour le pain de munition, ni autant de soin pour le conduire ; cependant on ne doit pas le négliger ; car quoiqu'il en faille peu, s'il n'était pas bien fait, on s'en appercevrait au biscuit qui devient comme de la terre, n'a aucune apparence, *cloche* et *coquile*. Pour une fournée de biscuit de trois cents rations, trente-six de levain suffisent. Il est absolument nécessaire, même dans les chaleurs, d'employer de l'eau chaude. Des brigadiers n'employent que vingt livres de levain, d'autres même prétendent que l'on peut s'en passer ; mais par les expériences que j'ai faites, je trouve que la juste proportion est celle que je viens de dire. Quoique le biscuit n'ait pas autant besoin de fermentation que le pain, cependant il lui en faut. Quelquefois il arrive que pour abréger, on fait paitrir deux fournées à la fois ; alors au lieu de 72 livres, on peut se restraindre à 60, parce que tandis qu'on fait la première, la seconde rentre en levain. Ces levains demandent à être bien délayés, et il ne faut pas, comme pour le pain de munition, allonger sa frase, mais la saisir le plutôt possible, et la fraser, en faisant entrer toute la farine nécessaire pour faire une pâte très-ferme ; car elle ne peut jamais l'être trop, lorsqu'elle est bien travaillée, au point d'obtenir une douceur de soie. Pour que la frase acquière ce degré de fermeté nécessaire, le paitrisseur doit se donner bien du mal ; aussi la plûpart, pour éviter de trop se fatiguer, ne la frase qu'aux trois quarts pour y substituer de la farine, quand ils paitrissent avec les pieds. Cette manière de paitrir est très-désavantageuse, le garde-magasin ou tout autre doit la réprimer, et avoir soin de faire fraser la pâte à son point et faire manger toute la farine, c'est-à-dire de ne laisser aucun vestige de farine. Avant de faire paitrir avec

les pieds , quand la pâte est confectionnée ,
on doit la peser par rations , la tourner en
rond , ensuite la rouler avec un rouleau , et
la piquer des deux côtés. Plusieurs se servent
d'instruments à piquer faits de bois , parce
que , disent-ils , la pâte s'y attache moins qu'à
ceux de fer. A cet inconvénient près , ceux
de fer sont préférables. La dernière ration
tournée , il faut enfourner. S'il faut moins
de précaution dans la conduite des levains
pour confectionner le biscuit , il en faut davantage pour chauffer le four , puisque de
la cuisson dépend sa conservation ; car si le
four n'est pas assez chaud , le biscuit y resterait deux heures au lieu d'une : il ne serait
jamais cuit assez. Il resterait dans le milieu
de la mie qui, plus tard , se moisirait et con-
tracterait une mauvaise odeur. Si le four est
trop chaud , comme le biscuit n'a que très-
peu de hauteur , il se trouve en braise, prend
un goût d'amertume qui en empêche la consommation. Il a le degré de cuisson nécessaire, quand il n'existe aucun vestige de mie
dans l'intérieur, qu'il a une couleur cuivrée
et qu'il ne cloche pas. Si le chauffage devait
être manqué, il vaudrait mieux que le four
fût un peu trop chaud que pas assez ; car à
ce dernier degré, il n'y a pas de ressource
pour la conservation du biscuit.

Quand il est cuit, il ne faut pas le déposer dans un endroit qui soit humide ; car l'humidité les fait coller ensemble et les gâte. il faut le mettre dans un magasin bien aéré, et ouvrir les croisées, quand il ne pleut pas; le soleil ou le grand air ne lui faisant aucun tort.

Pour l'encaisser, il est absolument nécessaire de le serrer le plus possible par le moyen d'une masse posée dessus. On en retire deux avantages : le premier d'en mettre plus dans les caisses ; le second de n'y laisser aucun vuide, car autrement cela nuirait à la conservation du biscuit.

On doit bien recommander à l'officier ou au commandant du convoi de le placer tous les jours à son arrivée dans un endroit qui ne soit pas humide.

Qu'on ne croye pas, lorsque je fais paraître ce petit ouvrage, que j'ai eu la folle prétention de faire un livre ; mon but, mon unique but, a été d'exposer purement et simplement mes idées et mes observations sur le plus utile de tous les arts, puisque sans lui la société ne pourrait subsister. D'autres pourront profiter de mes idées et faire mieux. En attendant, j'ai cru que cet exposé pourrait être utile aux directeurs, aux inspecteurs , aux gardes-magasins, enfin à tous les préposés des vivres-pains , attendu que la régie des vivres a été remplacée par une compagnie , et que les circonstances de guerre ont nécessité d'employer grand nombre de personnes qui n'avaient pas fait leur cours comme autrefois. Les boulangers même , les cultivateurs , les riches propriétaires , et les particuliers aussi y trouveront des moyens d'économie dont le résultat ne peut qu'être avantageux au bien de la société. Ils y verront de quel intérêt il est pour la conservation des bleds et des farines, de ne pas les mettre dans des greniers couverts d'ardoises, mais dans des endroits bien aérés , bien sec ; ils verront qu'il ne faut pas laisser aux meûniers la liberté de couper la farine en deux, c'est-à-dire de ne pas écurer le son ; ce que ne tolère que trop l'insouciance des cultivateurs qui donnent ainsi à leurs bestiaux , avec le son, le meilleur de la farine : ensuite de ne pas se servir de farine nouvellement moulue ; car dans le premier cas, le suc végétal étant retiré de la farine, occasionne un déficit de 24 livres de pain par chaque sac de bled du poids de deux quintaux ; et dans le second cas , seize livres , ce qui fait un total de 40 livres sur un sac de bled , presque le quart du poids. Enfin , en employant de la farine mal moulue et toute nouvelle , un sac de bled du poids de 200, ne rendra que 18 à 19 pains de huit livres; tandis que dans le cas contraire , le même sac rendra 23 à 24 pains : de manière que par ces moyens d'économie, au bout de trois à quatre ans, on gagnerait une récolte. Ne serait-ce point là un avantage inappréciable pour la société, sur-tout s'il survenait une mauvaise récolte ? L'intérêt public exigerait donc qu'on adoptât ces moyens. Puisse-je les voir adopter, et goûter la douce satisfaction d'avoir contribué à ma manière et autant qu'il fut en mon pouvoir au bonheur de mes semblables.

Je n'ai jamais rien lu sur cette partie ; on l'a traité sans doute ; mais les auteurs auront dédaigné d'entrer dans tous les détails minutieux dans lesquels je suis entré. j'ai cru devoir le faire pour donner des connaissances à tous mes camarades qui par circonstance sont employés sans avoir fait leur cours, et par ce moyen servir le gouvernement ; c'est mon seul et unique but.